Bo Saaby Frese Hansen

Goth Queen

Et gotisk univers fyldt med mørke og mystik

Forlag: BoD · Books on Demand,
Strandvejen 100, 2900 Hellerup,
bod@bod.dk

Goth Queen

Et gotisk univers fyldt med mørke og mystik

2025, *Danmark*

Bogen er primært sat med hhv.

Lucida Calligraphy

French Script MT

1.*udg.* 1.*oplag*

Forlag: BoD · Books on Demand, Strandvejen 100, 2900 Hellerup,

bod@bod.dk

Tryk: Libri Plureos GmbH, Friedensallee 273, 22763 Hamborg,

Tyskland

ISBN: 978-87-4305-956-1

MIX

Papir fra ansvarlige kilder

Paper from responsible sources

FSC® C105338

FSC

www.fsc.org

Forord

Jeg har altid været tiltrukket af det mystiske og spændende, og af den fascinerende goth kultur, der rummer en helt unik stil og æstetik. Vampyrer, varulve, hekse, magi og sorte katte - alt sammen elementer, der skaber en verden fyldt med mørke og magi. Christopher Lee blev næsten et ikon i denne verden, især med sin fortolkning af Dracula i de gotiske Hammer B-gyserfilm, baseret på Bram Stokers berømte værk. Og vi skal selvfølgelig ikke glemme figurer som Vampirella og den uforlignelige Familie Addams, som har bidraget til at forme denne gotiske kultur. Naturligvis kommer vi ikke uden om Edgar Allan Poes mørke digte, fra en anden tid, hvor det hele måske var lidt mere dystert.

I nyere tid er der mere moderned tidssvarende fortolkninger, som bl.a. i tv-serierne: True Blood, Vampire diaries og filmene Twilight og Underworld samt deres mangfoldige efterfølgere.

Ved festlige lejligheder, fx halloween og måske endda i hverdagen, kan goth-stilen udleves i forskellig grad. Kvinder bruger ofte den markante dramatisk goth-makeup i varieret grad, medens mænd også kan lade sig inspirere lidt af stilen. Man behøver dog ikke at bo på et stort gotisk slot for at udforske/udtrykke sin indre goth.

Sidst i bogen er der en mere nøgtern gennemgang af goth kulturen.

'En Hyldest til Det **mørke** og det smukke'.

Indhold

Goth Queen

Lad os tage ud og svinge
Endnu en midnats tur
Nede i klubben
Tag din hvide goth maske på
Min egen Goth Queen
Så skal vi sgu'
Svinge til de bliver svimle
Frem og tilbage
Så skal de få sort på

Natten er sort som vores tøj
Månen er hvid som din maske
Goth udenpå
Ingen kender os
Vores hemmelige mission
Vores hemmelige steder
Går på smalle stræder
En trappeopgang
Min smukke Goth Queen

Dit skønne ansigt

Dine pragtfulde øjne

Ved gud de er fyldt med stjerner

Så fantastisk

Selv bag din maske

Elsker vores hemmeligheder

Eventyr så hemmelige at selv månen

Rødmer

Hvis solen var fremme vil den genert

Rødme

Gemme sig bag en

lyseblå sky

Natten gryr

Tager afsked med min Queen

Forsvinder i daggryet

Fuldmåne date

Vil du være min

Goth Queen

Så vil jeg være din

Goth Prins

Lad os atter tage en

Sving om

I dette mørke rum

Oplyses af en smuk fuldmåne

Vores mørke midnats fuldmåne date

I måneskin

Danser vi nænsomt til

Den røde måne

Stearinlyset blafrer

De røde stearinlys lyser svagt

Oplyser min midnats Goth Queen

En queen så sort, at du oplyser selve natten

En bryllupskjole værdig

Natten går i sort - favner os stille og sort

Fuldmånen er vores vidne til vores kærlighed

Den røde månes farve varmer, bliver helt hed

Den er vores midnatssol

En nat så stille at vi kan hører

Stjernerne henfalde

Og vi ønsker hver især

Stjernestøv drysser magisk på os

Uforglemmelig fuldmåne date

Blodmånen, vores natte sol

Kirkegård †

Går rundt på en kirkegård

Kigger på gravsten

Har været her så mange gange før

Kan efterhånden huske dem alle

De mange smukke ord

En stor sort kat kigger forskrækket på mig

Gemmer sig bag en lille gravsten

Vinter, men kan ikke fornemme kulden

Sådan har det vist altid været

Folk græder fulde af sorg

Sørgmodige mennesker på vej hjem

En forskræmt krage flyver igen hastigt væk

Sikkert bange for den store sorte kat

Denne kirkegård er som en labyrint

Kan ikke finde ud

Mørket falder på

Kan ikke komme ud

Spørg nogen tilfældige

Om udgangen

Men de reager ikke

De ser lige igennem mig

Tager ned til kapellet

Hviler mig lidt her

Føler mig frygtelig døsig

Fanget på denne kirkegård †

En gordisk labyrint

†

FOREVER IN
OUR HEARTS
BELOVED
MOTHER

Familien ❤

En helt almindelig
ualmindelig familie
Vi bor på et 600 år gammelt gotisk slot
Efter sigende kom jeg ikke med storken
Men med en stor flot flagermus
Min mor & far er altid klædt i sort
De smiler næsten aldrig
Det hænder dog
Når vi ser 'The Addams Family'
Så hygger vi os med Haribos' vampyr slik
Jeg kan se på deres blik
at de er lykkelige
De danser i måneskin - aldrig ulykkelige
Mine bedste venner
Bestemt ikke hoffet
Men de små spøgelser på slottet
Vi løber ofte rundt
Prøver at fange hinanden
I de mange snørklede gange
Men de kan mig aldrig fange

Vi har en særlig vagthund
Som ingen andre
Vi kalder ham Gorgyl
Nogen kalder ham monster
Men den passer godt på os
Inden jeg går til køjs
Vi hygger os ofte foran den kæmpe pejs
Når mørkt falder på
Blafrende skygger danser i pejsen
Det knitrer herligt
En skøn duft af brændt træ
Er hvor det bliver allermest spændende
Da bruger vi kun store røde stearinlys

Lige uden for mit vindue

En stor ugle kigge ofte ind

Tror den passer lidt på mig

Vækker mig om morgenen

I skolen kalder de os for Goths

Men det går nok

For jeg er stolt af at være en Goth

Tilbage til familien Goth

Mange af mine venner har undulater
Men vi har to flagermus
Nogen har endda en grøn kamæleon
Men vi en kæmpe sort fugleedderkop

I vores kælder
masser af flaprende flagermus
Hades vogler dem
Vores store sorte kat det er hans domæne

Vores møbler er sorte som natten -
røde som blodet
Betrukket med knirkende læder
Mine venner synes det er lidt mærkeligt
Når de kommer fra hjem i pastel

Et gammelt støvet bibliotek
En labyrint af viden & hemmeligheder
Et biblioteket med en duft af antikvitet
Papyrus i store tunge læder indbundne bøger
I de mange snørklede gange

Vogter de mange støre tomme rustninger

spøgelsesagtigt

Indimellem strækker de sig og det kan høres

Når min far kommer hjem med blomster

Altid de længste graciøse sorte roser

Plukket i mørket under den blodrøde måne

Ser de intenst på hinanden

Et intenst lidenskabeligt langt kys

De elsker hinanden

På den dystre romantiske måde

Går en tur i stilhed

Gennem den kæmpe Victorianske have

Hånd i hånd

Det sorte bånd

Spøgelsesagtigt spadserer de sammen

I fryd og gammen altid sammen

Haven er fulgt af nattens friske dufte

Kun oplyst af måneskin

Sagte skridt bryder stilheden

På det knasende grus

Bryder forsigtigt stilheden

Min fantastiske mor

Dyster og smuk

Med sin goth makeup

Min far aristokratisk, fornem

Kridhvid, høje kindben

Hverdag

Hånd i hånd

Blodets bånd

Vi er ikke, som de andre

Men ægte, som ingen andre

Sprunget ud, som goths

Dog sjovest til fest

Så er det ikke en -

Hverdags test

Vi kysser hinanden

Intenst, som er det sidste gang

Vi er mest ude om aftenen

Besøger de mange mørke gamle gyder

Hvor der stadigvæk er brosten

Mystik & eventyr

Besøger kirkegården

Indtil de lukker

Tager en eventyrlig tur med hestevogn

Hvor det stadigvæk kan lade sig gøre

Føler suset fra en svunden tid

Dit smukke ansigt

Iført din mørke, dramatiske goth-makeup

En sort funklende kjole

Sort om natten selv

Jeg er ved din side i herregoth-klæder

Vi går gennem natten som sorte skygger

Blikke klæber sig til os –

og ja, jeg forstår dem godt

Månen oplyser os som skuespillere på en scene

Vi kører igennem skoven

Lyden af skoven er omkring os

En ugle tuder i det fjerne

Skoven dufter af efterår

Vi står af

Giver min Queen en hånd

Vi bliver i skoven et par timer endnu

Og kysser forelsket hinanden i fuldmåneskin

Sort bryllup

Et gotisk slot

Med høje spidse tårne og spir

Som din dronningekrone

Finder mit smukke spøgelse

Hvilken vidunderlig følelse

Sort & rødt

Selvfølgelig giftes vi på

En højrød fuldmåne nat

De rigtige farver til vores bryllups nat

Der står min goth skat

Så sort og stille som natten

Du træder op ad gangen,

graciøst ledsaget af katten

Bryllups kjole, lang - en dronning værdig

Et goth spøgelse som dig noget helt særlig

Et spøgelse klædt i sort

Du kommer mod mig

Kan ikke vente

Du går op af gangen

Så uendelig lang

Min engel når frem til mig

En engel klædt i sort med sorte vinger

Så forførende som ingen anden

Dit hypnotiserende ansigt

Sorte læber

Alt sort på nær dit smukke kridhvide ansigt

Elsker dine alvorlige stoiske træk

Stille som natten

En ugle vover dog at tude i det fjerne

Måske vil flagermusene følge os hjem,

sammen med katten

De kan jo se om natten

Jeg vil bære dig hjem

Min fantastiske goth brud

Teenager

Jeg har fået en ny kæreste
Og hun er til goth
Det er bestemt ikke det værste
Men det synes min mor bestemt ikke er godt

Min mor bliver'en whiner
Når hun opdager
Jeg bruger sort eyeliner
For det hende ikke behager

At gå i sort er sjovt
Sort neglelak
Det er ikke flovt
Nogen synes det er helt gak

For meget makeup
Så får min mor sgu en prop
Når jeg engang flytter hjemmefra
Skal bo i et gammel nedlagt goth slot

Ude i det fri

Tæt på en eventyrlig kirkegård

Tager selfies med min goth kæreste

Gravsten som vores baggrund

Der står '**hvil i fred**'

I vores kælder hersker Hades

Vor store sorte kat

Min mors elskede skat

Han har styr på edderkopper

De flaprende flagermus frygter ham

Vi bor i et meget gammelt hus

Håber en dag mor vil forstå

Det er jeg ganske sikker på

I mørket vi ser mere klart

Når hun ser min vidunderlige smukke

Goth prinsesse

Min vidunderlige goth prinsesse

Vandspejl

En sensommerdag i en fortryllende smuk skov

Solen er på vej i seng

Går på det bløde mos

Så blødt

Alt ånder fred og ro

Alligevel en svag sitrende uro i mit indre

Tankerne falder på mit

Måneskinsmøde

På vej mod min skyggedronning

Ved en lysning

En smuk sø blandt alt det vidunderlige grønne

Ser ned i søen

Ser mit lidt trætte ansigt

Og venter

På dig

Mørket falder på

Der bliver helt stille omkring mig

Som tiden er gået i stå

Et smuk kvinde viser sig - min Goth Queen

Du ser på mig

Min længsel,

draget mod dit tryllebindende mørke

Din skønhed er ubeskrivelig

Mystisk, dyster og dragende

Vi er hinsides – vi er to verdener

Kigger hypnotiseret på hinanden

Tiden løber os af hænde

For første gang

Du rækker ud

Jeg tager imod

Trækker mig endelig ind i din verden

Atter forenet - sammen for evigt

Som sort silke smyger natten sig om os

Evigt liv med dig

Var engang passioneret og eftertænksom

Det er nu smidt overbord

Af en vild passion - efterladt

Kun til dig

Red mig fra mig selv

Giv mig livet tilbage

Dødskysset

Sug livet ud af mig

Lad ikke mit blod størkne

Det sorte blod hamrer nu igen

Det kolde blod pumper

Udødelig med dig

Hvilken fest

Med dig i al uendelighed

Vi er godt nok som

Yin Yang

Men hvilken klang

Sammenhæng i mod træng

Se aldrig bagud

Kun en vej

Dyster lykke

Forbinder vores fælles skæbne

Selvmodsigelser

Dystre skygger, der trænger til sol

Måske eneste udvej ud af mørket

Måske den eneste vej, vi to kan vælge

I det mørke vi befinder os i

†

Masker og minder

Besøger dit fantastiske slot
Château de Roquetaillade
Besøger din sarkofag
Et helligt mørkt sted
Emmer af sort stemning
Min vidunderlige Goth Queen
Svøbt nænsomt i sort stemning
Hvad disse sten kunne tale
Mørket, der har set alting

Ser i et spejl
Spidse buer florale mønstre
Hemmelighedsfulde symboler
Du står bag mig
Din fantastiske blege hvide hud
Smuk som altid
Mørke øjne og læber sorte som natten
Dragende ind i dit mørke univers
En uforlignelig goth makeup
Der skjuler dine evige længsler

Har behov for at male

Mit sind med dine farver

Du var altid min tænding

Min gnist, min ild

Min Goth Queen

Altid intens og dyster

Du smed aldrig din goth maske

Min er nu kun aske

Er vist kommet videre

Men tænker alligevel

Alt for ofte på dig

Og kun dig

De vidunderlige stunder vi delte

En æstetisk tid i skyggerne

I vores pragtfulde mørke

I det virkelige liv

Var vi ofte som salt & peber

modpoler, men skabte smag af noget større

Forskellige, men perfekte sammen

Sammen var vi fantastiske
Hvor vi erobrede verden
Sammen - var det vores bedrift

Sagn figurer kigger ned
Holder øje med os
Natte kustoder
Vågner om natten
Kravler rundt i gangene
Vogter og passer på skatten
Min dystre hellige skønhed
Gemt væk i sin sarkofag
Min hellige gral
Skjult og stille

Masker og minder

Fuldmåne sang

Lange smalle gange
hører en klang fra en romantisk vemodig sang
Så mange dybt røde stearinlys
Til ære for denne særlige fuldmåne nat
Trisser rundt
Leder efter dig
Savner dig i mørket
Vil dele denne særlige nat
Højtidelige og så fortryllende
Med dig
Min skønne Goth Queen
Fuldmåne, endda
Blodmåne
Vores bryllupsdag
Vores pagt i mørket
Vi nyder æstetikken
Den bedste vin
I blodmånens røde skær
På vores balkon
Nyde nattens lyde

I stilhed

Min sorte engel

Tude med uglen

Hyle med ulvene og kattene

Pibe med flagermusene

Skrappe med kraverne

Til den lyse morgen

Hvor vi da skal sove

Til månen atter får øjne

Biograftur

Vi skal i biografen
Se Twilight
Vi tager vores sorte/røde gevandter på
Vi skal gå i et med aftenen
Du tager din dystre goth makeup på
Du får en mund
smuk og sort som den smukkeste blodrose -
Kysse klar
Smokey eyes
alle de andre guys
misundelige
for jeg har fundet min Goth Queen
som går all in
Smykker og symboler
Skal der også pyntes med
en blodsten skinner diskret om halsen
Så er vi klar
Til aftenenes visuelle illusion
går igennem de smalle brolagte gyder
Klassisk parfume blandes med efterårsduft

Masser af nysgerrige blikke
Undren og glimt af fordømmelse
Latent beundring
Håber folk prøver
Accepterer os som vi er
Forstå dog, hvem vi er
For vi elsker, hvad vi er
Men i det mindste
Er det frivilligt
Vores gotiske gevandter
at tage af på som vil
Ingen tvang
ikke gotiske kultur fundamentalister
Vores valg
vores verden
frihed til mørkets skær

Biograftur med goths

Pigen i huset

For enden af vejen

Ligger huset

Ofte har de mørkeleg

Mange kalder det Tossehuset

For de går kun rundt i sort tøj

Madammen har meget makeup på

Det kaldes vist goth makeup

Der er en masse larm om natten

Jeg kan hører kattene

Den er stor & sort

Der er også en pige

Hende hilser jeg tit på

Hun smiler engang imellem til mig

Vil faktisk ønske hun kunne blive min ven

Vi går jo på samme skole

Alternativt liv

Der er så mange sære hændelser
Mellem disse spændende mennesker

En selvudlært heks &
Hendes egen såkaldte vampyr mand
De lever på et mindre fransk slot
Sammen med spøgelserne
Genfærd fra den franske revolution

Når de sover
Midt på dagen
Sorte senge kister
Den blødeste blodrøde velour

Et arbejde om natten
I selskab med katten
er deres fortrukne
Livs fordriv
Natlige dagdrømme deres poetiske tidsfordriv

Dagdrømmeri

Jeg lytter til the Cure

Lytter i timevis

Min mentale kur

Jeg er til goth – måske et slags bevis

Tager min sorte eyeliner på

Tegner i min hemmelige sketchbog

Er nu goth udenpå

Har min egen streg og sprog

Tegner dig i skyggerne

Glimrer sort i mørket

I mørket ser jeg dig og kun dig

Mørke sorte streger

Blødere, kærligere bliver stregerne

Når de længselsfuldt møder dig

Vil du være min goth prinsesse

Så kan vi sammen

Fjolle rundt i sort

Som de unge vi er

Måske endda få en dyster tatovering

Skrive små sarte digte sammen

Om dig alene og kun dig

Svært at beskrive

Min indre ordbog mangler ord

Altid med på eventyr

Med dig og kun dig

Sammen åbner vi

Låste og forbudte døre

Lærer det sammen

At tegne dig er noget helt særligt

Du giver mig inspiration

Det formår du og kun du

Der er ikke nok farver på min palet

Til at male din skønhed

Tid til at dagdrømme

Lukker øjnene

Mindes vores skønne sorte stunder.

Mørkets ro

Vi er goths

går oftest i sort

det ligger i vores natur

dystre og indadvendte

passer på os selv

Så bliv ikke skræmt

det er et billede af hvem vi er

Damerne bruger goth makeup

Herrerne bruger da også lidt makeup

mørk hygge foran pejsen

røde knitrende flammer

taler deres eges hemmelighedsfulde sprog

figurer danser i takt med den gnistrende ild

slanke stearinlys brænder intenst

den rødeste rødvin vi nyder

rød som blodet

mørket os omfavner

Vores stil helt unik

Mystisk og underligt for mange

Vi ser æstetikken i mørkets natur

Gamle dyder, skikke og ritualer

stearinlys og meditation

Oplyst af fuldmånen

Sammen med nattens stilhed finder vi vores ro

Det sidste bånd

Jeg går ture sent om natten
Sammen med katten
Vores sidste forbundne skat
Jeg skal ikke lyve
Men kan faktisk flyve
I mine drømme
Tager lange ture med træk fugle
Sammen med den natlige ugle
Ser din skønhed, som jeg aldrig glemmer
Elsker min smukke mystiske kat
Hendes grønne øjne er alt, jeg har tilbage
Af dig, min kærlighed, min magi.

Vores sidste fælles efterladte skat
Hun er det sidste jeg har tilbage
Af dig min pragtfulde Goth Queen
Vi nåede aldrig
Ja & ammen
Leve i fryd og gammen
Sammen i dyster kærlighed
Håber du venter

I fuld 'goth-op'
Så skal vi sammen
Spice himlen lidt op

Forfald

I en mørk verden
på randen af dystopia og kaos
hvor rotterne trives
mens vi andre – ja, arrogante
svælger i forfaldet

Musene gemmer sig
ikke for kattene, men for rotterne
Omgivet af dekadence
er måske selv blevet smittet af dette
universelle forfald

Har jeg fået smag for denne
dionysisk verden?
Vores begær ødelægger -
alt det jeg ville have

En fremtid i en grotesk egoisme
gemmer vi os i skyggerne
på vores alt for store gotiske slot

Klassisk dekadence
vi hygger os -
alene
med vores egne
goth - venner
på vores private
asociale middelalderø

De sorte roser dufter puritansk
i en duft af frihed –
som om skønhed og askese
har sluttet fred

Svøbt i dekadencens mørke kappe
Men vi har det meget godt
afsondret, i vores eksotiske -
mørkeland

I mørket er der ro og fred –
en inderlighed,
som den blinde,
lever vi intenst
er vores gud død?

Har forført min egen dystre Aphrodite
hånd i hånd
gennem en pragtfuld blomstrende allé
vores egen kulisse

Aphrodite -
så hvid og mørk på samme tid
dualisme -
modsætningernes samhørighed.

Aphrodite -

så hvid og mørk på samme tid

Dyster Skønhed

Lever i en verden

Udenom mig

Et bobleunivers

Ondt og godt

Nogen gange brister boblerne

Bliver blandet

Sort og hvid

Yin Yang

Mystik og heksekunst

En fantastisk mørk dragende verden i sort

Noget af det smukkeste

I hvert sit univers

Nuancer er godt

Kontrasten er måske netop

Skønheden

Et smukt, men dystert univers

En weekend leg for de fleste

En hverdag for de færreste

Sort røg

Dyster sort røg

Sniger sig ud

Krybende langs gulvet

Siver ubønhørligt gennem alle sprækker

Ud fra kælderens mørke dyb

Kryber den spøgelsesagtigt

Langsomt, ildevarslende, uhyggeligt

Dækker den alt

Fylder stuen med en sorte tåge

Minder om en slags røgelse

Så tyk at der kan skæres i den

På vej op af trappen

Omfavner den nænsomt en skikkelse

Håber den sorte tåge gemmer

Hvad jeg forventer

Et kridt hvidt ansigt toner frem

Smokey eyes

Et guddommeligt måneskinsansigt

En sort engel skjult i hvid skønhed

En skønhed hentet fra natten selv

I sin klassiske dystre goth makeup

Min spøgelses Goth Queen

På vej op til mig

Du nærmest svæver op af trappen

Indhyllet i den lange, smukke sorte kjole

Jeg er klar til vores nattevandring

Den sorte røgelse følger os som et slæb

Vores årsdag

Sorte roser med
Til min elskede - savner dig
Så frygteligt meget – smertefuldt
Spadsere igennem den gotiske kirkegård
Store smukke gravsten
Gotisk skrift fra en romantisk, mystisk tid

En stor sort krage stirrer på mig
Blinker skælmsk
Kragerne skriger - Så frygteligt
Lyden flår gennem marv og ben
Vinger basker, sorte som døden selv
De er efter mig
Løber febrilsk, skrækslagen
Jorden åbner sig som en stor gabende mund
Falder ned i et dybt sort koldt hul
Kvæler mit skrig

Kragerne flyver forbi
Kan ikke komme op
Prøver at få fat

Jorden er for porøs
Får jord i ansigtet -
Er det sådan det føles at blive begravet?
Kæmper for at komme op

Kragerne er tilbage
De flyver skrigende rundt på himlen
Faretruende og ildevarslende
Kan ikke vente på deres præmie
Så kommer de til at vente længe
Savner min sorte engel

Mørket falder på...
Panikken spreder sig krybende
Fryser så jeg ryster
Gule øjne stirrer på mig
Forventningsfuldt
Nattens goth kabaret

En smuk kvindelig hvid hånd
Min sorte engel står mig atter bi
Når panikken fylder mig mest
Trækker mig op i den dyster nat

Min sorte engel træder frem stoisk

Kragerne tier

Mørket er vores nu

Min fantastiske Goth Queen

Min beskytter

Hylder mig i sin sorte kappe

Jeg er din for natten

I mørket lever vi – elsket og evig.

Min fantastiske Goth Queen

Min sorte skytsengel

Midnats dans

Vi danser sorgløst i måneskinnet
De røde gardiner skælver
I denne kolde måneskinds nat
Føler mig endelig tryg
Med min smukke queen i min favn
Evigheder af lange, tunge nætter
Triste dage uden dig
Tiden går i stå uden dig
Så frygteligt et savn
Min gotiske muse
Min sorte skyts engel
Tilbage på det smukke gotiske hotel
Kun spejlet er vidne til vores romantiske dans
Din magiske tilstedeværelse, min sans
Toner af Beethovens Moonlight Sonata
Åbner en dør til en anden verden
Du har altid været min længsel
Uden dig er hverdagen et fængsel
Min magiske, vidunderlige Goth Queen
Vi lytter til en romantisk klassisk evergreen

Nynner sagte, stille i dit øre
Ved hvad du vil høre....
Min evige unge prinsesse
Din lange sorte kjole –
glitrer som sort stjernestøv
Silke røde edderkoppespind -
lyser op i måneskind
Et mesterværk til denne nat
Vi har gemt alle vores hemmeligheder
Fængslende sandheder
Bag lås og slå i evigheder
Ugler tuder i natten til vores
Midnats dans
En fantastisk kinddans
Din goth makeup, så fantastisk – så forførende
En nat ubegribeligt rørende
Natdyrene tumler i natten
Sammen med Hades, katten
Ser ind i dine magiske grønne øjne
Et univers fyldt med stjerner
Flunkende sole og stjerner som tænder

Tænder de røde lys

Et romantisk kys

Tid til ro

Natten går snart i seng

Opdækning

Dækker op med de rødeste roser

så røde som din smukke mund

stearinlys så sorte som natten

de små stjerner blinker skælmsk

en sort dug skal der til og en mørkerød løber

snart får vi besøg

Adeligt franske goth par

vi kender hinanden

skælver en smule - det må ej ses

måske et par nye hemmeligheder

får vi at høre

i det flakkende lys

spændende mennesker

Goths i det rette miljø

Vi sidder i det skønne middelalderlige bibliotek

omgivet af verdens historie

en fantastisk duft fra de mange

smukt indbundne kæmpe læderbøger

Billeder fra en svunden tid

skulle tro vi var beslægtet

de knirkende gulvbrædder, vores sorte kat

Hades er på besøg

lysene blafrer når vinden puster

forsigtigt igennem utætte vinduer

I vinduerne ligner vi spøgelser fra fortiden

vi hygger med den dybrøde rødvin

måske fordufter hemmelighederne

i rødvinens forførende fløjlsrøde skær

engang efter midnat

hvor maskerne falder ...

Midnatsridt

Drømmene

På vores natlige og drømmende midnatsridt

Vi ridder i den stjerneklare nat

To fantastiske smukke pegasser

Min sorte goth engel sidder graciøst

På den hvide pegasus

Jeg på den sorte pegasus

Vi rider over dunkle, mørklilla skyer

Med stjernerne som kulisse

Og hvor månen følger os og lyser lidt op

I sort du glimter i natten

Stjernestøv hvirvler omkring os

Det hele sitre elektrisk

Vores smukke heste har vinger

Så magisk så fantastisk

Skyerne er vores lilla landskab

Vi ser ned på min verden

Du er så hemmelighedsfuld

Så yndefuld og drømmende

Du lever i din egen verden

Som vi deler om natten

Et fatamorgana

Glider igennem en stjernetåge

Får små kærlige stjernestød

Ser et stjernebillede af en Pegasus

I dette uforlignelige midnatsridt

Ubegribelige rød-lilla tågebanker

Sammen med dig i en slags trance

Du er min hemmelige skjulte understrøm

Vi ser hinanden intenst i øjnene

Vores øjne løber over

Dine smukke grønne øjne

Så vidunderlige

Noget af det sidste jeg ser

Vi ved det begge

Vi aldrig når målet

Så længe jeg vågner...

Glæder mig til vores næste midnatsridt

Med dig - min sorte goth - engel

Midnatsridt

Goth engel i 'Purple land'

Sorte tårer

Min Goth Queen græder i natten
Sorte tårer løber ned ad dit
Hvide ansigt

Regnen gennembløder os
Vi står bare der
Uden at ænse noget
Ser fortryllet på hinanden

Denne midnat
Beskytter min yndefulde
Magiske Goth Queen
Med min lange sorte kappe
For nysgerrige blikke

Min elskede skytsengel
Våde sorte vinger
Fortabt i dit elskede mørke
Jeg giver dig fri

Jeg giver dig fred

Flyv nu bort

Vil ikke holde på dig

Min goth engel

Du vil altid

Du vil evigt

Være i min tanker

Vores private hemmelige minder

Kun for os

Kun for dig og mig

Står nu her alene

Med alt det, kun vi forstod

Savner dig

Min sorte goth engel.

Mørkets favntag spejler deres øjne - en unik hemmelig pagt.

Skyggespil

Ser mig ikke tilbage

Nye steder at se

Nye erobringer

Bag tæppet

Hvor friheden hersker

Hverdagens trivialiteter kalder

Endnu en tur på hverdagens scene

Et stykke jeg aldrig selv skriver

Den sande maskerede

Endnu en hemmelighed

Jeg brænder - indeni

Ud på scenen

Festen må fortsætte

Finder en autentisk maske

En påtaget maske

Tid til at forlade scenen

Det dræner mig

Det dræber mig

En tid - de forbudte øjeblikke - med dig og mig

Lidenskabelige kys

Bag tæppet

Jeg vil aldrig

Aldrig glemme vores skyggekys

Min magiske hemmelige Queen

Skabe, skuffer - fyldt med støvede papirer

Skjulte historier, gemte anekdoter

Alt så hemmeligt og forbudt

Der, i skyggerne bag tæppet, finder jeg dig

Så vidunderlig

Ingen grænser

Midnats dans i skyggerne

Inderlighed og nærvær

I skyggerne danser vi - kun os

Midnats dans i skyggerne
Inderlighed og nærvær
I skyggerne danser vi - kun os

Goth-kulturen:

En Hyldest til Det Mørke og Det Smukke

Goth-kulturen er en subkultur, der opstod i slutningen af 1970'erne og begyndelsen af 1980'erne som en slags forlængelse af post-punk musikscenen. Den er kendt for sin mørke æstetik, introspektive stemning og fascination af det mystiske, det melankolske og det anderledes. Nogle af de vigtigste elementer i goth-kulturen:

1. Musik

Musik er hjertet i goth-kulturen. Den har rødder i post-punk og mørkere genrer som gotisk rock, darkwave og industrial. Ikoniske goth-bands inkl.:

† ***Bauhaus*** *(pionerer med sangen Bela Lugosi's Dead),*

† ***The Cure,***

† ***Siouxsie and the Banshees,***

† ***Sisters of Mercy,***

† ***Joy Division,***

I nyere tid har genrer som ethereal wave, dark cabaret, neofolk fundet plads i goth-kulturen.

2. Mode

Goth-mode er ikonisk og ofte dramatisk:

† ***Sort tøj***: *Det mest dominerende træk i garderoben.*

† ***Materialer***: *Fløjl, blonder, læder og satin.*

† ***Tilbehør***: *Kors, chokers, sølvsmykker, netstrømper og støvler (f.eks. plat formstøvler).*

† ***Makeup***: *Mørk eyeliner, bleg foundation og dybe læbefarver som sort eller rød.*

† ***Hår***: *Ofte farvet sort, men andre farver som lilla, rød eller hvid ses også, med dramatiske frisurer som høje spikes eller langt og glat.*

3. Æstetik

Goth-æstetikken hylder det mørke, det gotiske & det romantiske. En tydelig fascination af:

† ***Gotisk arkitektur***: *Katedraler, gamle slotte, ruiner.*

† ***Symbolik***: *Mørke temaer som død, romantik, natten, månen og mytologi.*

- † ***Kunst***: *Inspiration fra gotisk litteratur og kunstnere som Edgar Allan Poe, Mary Shelley (Frankenstein) og Bram Stoker (Dracula).*

4. Livsstil og interesser

Goth-kulturen handler ofte om at udforske dybden af menneskelige følelser og de mørkere sider af tilværelsen, men på en smuk og æstetisk måde:

- † ***Fascination af dødelighed***: *Ikke i en dyster eller nihilistisk forstand, men snarere en poetisk refleksion over livet og døden.*
- † ***Litteratur***: *Gothic fiction, horror & poesi er vigtige. Forfattere som Poe, Shelley og Lovecraft.*
- † ***Film og medier***: *Film som The Crow, Interview with the Vampire og Beetlejuice har haft stor indflydelse. Til de mere kitschede Vampirella, The Adams Familly, The Munsters.*

5. Social kultur

- ***Inklusion og individualisme***: *Goth-kulturen værdsætter originalitet, selvudtryk og en følelse af fællesskab for dem, der føler sig anderledes.*
- ***Goth-klubber***: *Musikalske sammenkomster, festivaler (som Wave-Gotik-Treffen i Tyskland) og klubber spiller en stor rolle.*

Goth-kulturen er meget mere end sort tøj og mørk makeup – det er en kunstform, en måde at udtrykke følelser og en hyldest til det mystiske og det smukke i verden, hvilket gør det til en helt unik og vedvarende subkultur.

Goth Queen

Et gotisk univers fyldt med mørke og mystik

/Alternativ udgave/

Forord

Dette er den alternative udgave af min digtsamling, *'Goth Queen'*. Her er alle digtene venstrestillede, hvilket er både mere almindelig og muligvis mere læsevenlig. Jeg mener dog, at den centrede version er langt smukkere og mere æstetisk, idet hvert digt udstråler en yndefuld, kvindelig form, der passer smukt til deres unikke univers.

Nogen af digtenes tekst er lidt anderledes - deres oprindelige form.

De små stemningsbilleder ikke farvede – en farveversion ville samlet set have gjort udgivelsen alt for dyr. Billederne er desuden fra første udkast.

Jeg overvejede endda at trykke teksten i rødt på sort baggrund! Digtene er i denne udgave sat med font: 'French script MT.' Flot, men muligvis ikke så læsevenlig :)

Goth Queen

Lad os tage ud og svinge
Endnu en midnats tur
Nede i klubben
Tag din maske på
Din hvide goth maske
Min egen Goth Queen
Så skal vi sgu
Svinge til de bliver svimle
Frem og tilbage
Så skal de få sort på
Natten er sort som din maske
Goth udenpå
Ingen kender os
Vores hemmelige mission
Vores hemmelige steder
Går på smalle stræder
En trappeopgang
Min smukke Goth Queen
Dit skønne ansigt
Dine pragtfulde øjne

Ved gud de er fyldt med stjerner
Så fantastisk
Selv bag din maske
Elsker vores hemmeligheder
Eventyr så hemmelige at selv månen
Rødmer
Hvis solen var fremme vil den genert
Rødme
Gemme sig bag en
Lyseblå sky
Natten gryr
Tager afsked med min Queen
Forsvinder i daggryet

Fuldmåne date

Vil du være min
Goth Queen
Så vil jeg være din
Goth Prins
Med maske på

Lad os atter tager en
Sving om
I dette vidunderlige mørke rum
Oplyses af en smuk fuldmåne
Vores mørke midnats fuldmåne date

I måneskin
Danser vi nænsomt til
Den røde måne
Stearinlyset blafre
De røde stearinlys lyser svagt
Oplyser min midnats Goth Queen
En queen så sort, at du oplyser selve natten
Et bryllupskjole værdig
Natten går i sort – favner os stille og sort

Kirkegård †

Går rundt på en kirkegård

Kigger på Gravsten

Har været her så mange gange før

Kan efterhånden huse dem alle

De mange smukke ord

En stor sort kat kigger forskrækket på mig

Gemmer sig bag en gravsten

Vinter men kan ikke fornemme kulden

Sådan had det vist altid været

Folk græder fulde af sorg

Sørgemodige mennesker på vej hjem

En forskræmt krage flyver igen hastigt væk

Sikkert bange for den store sorte kat

Denne kirkegård er som en labyrint

Kan ikke finde ud
Mørket falder på
Kan ikke komme ud
Spørg nogen tilfældige
Om udgangen
Men de reagere ikke
De ser lige igennem mig
Tager ned til kapellet
Hvile mig lidt her
Føler mig frygtelig døsig

Familien

En helt almindelig
Ualmindelig familie
Vi bor på et 600 år gammelt gotisk slot
Min mor og far er altid klædt i sort
Mine forældre smiler næsten aldrig
Det hænder dog
Nå vi ser 'The Adams Family'
Så hygger vi os med Haribo vampyr slik

Mine bedste venner
De små spøgelser på slottet
Vi løber rundt
prøver at fange hinanden
I de mange snørklede gange
Vi har en særlig vagthund
Som ingen andre
Vi kalder ham Gorgyl

Nogen kalder ham monster
Men den passer godt på os
Vi hygger os ofte foran den kæmpe pejs
Når mørkt falder på
Blafrende skygger danser i pejsen
Det knitre herligt
En skøn duft af brændt træ
Er hvor det bliver allermest spændende
Da bruger vi kun store røde stearinlys

Kommer sent i seng
Lige uden for mit vindue
En stor ugle kigge ofte ind
Tror den passer lidt på mig
Vækker mig om morgenen
I skolen kalder de os for Goths
Men det går nok
For jeg er stolt af at være en Goth

Tilbage til familien Goth

Mange af mine venner har undulater
Men vi har to flagermus
Nogen har endda en grøn kamæleon
Men vi en kæmpe sort fugleedderkop

I vores kælder
masser af flaprende flagermus
Hades vogter dem
Vores store sorte kat det er hans domæne

Vores møbler er sorte som natten -
røde som blodet
Betrukket med knirkende læder -
lækker blød velour

Mine venner synes det er lidt mærkeligt
Når de kommer fra hjem i pastel

Et gammelt støvet bibliotek

En labyrint af viden & hemmeligheder

Et biblioteket med en duft af antikvitet

Papyrus og store tunge læder indbundne bøger

I de mange snørklede gange
Vogter de mange støre tomme rustninger
spøgelsesagtigt
Indimellem strækker de sig og det kan høres

Når min far kommer hjem med blomster
Altid de længste sorte roser
Ser intens på hinanden
Et intenst lidenskabeligt langt kys

De elsker hinanden
På den dystre måde
Går en tur i stilhed
Gennem den kæmpe Victorianske have

Hånd i hånd
Det sorte bånd
Spøgelsesagtigt spadsere de sammen
I fryd og gammen altid sammen

Gaven er fulgt af nattens friske dufte

kun oplyst af måneskin

Fodtrin mod det knasende grus

Bryder forsigtigt stilheden

Min fantastiske mor
Dyster og smuk
Med sin goth makeup
Min far ligeså

Hverdag

Hånd i hånd
Blodets bånd
Vi ikke som de andre
Men ægte som ingen andre
Sprunget ud som goths
Dog sjovest til fest
Så er det ikke en
Hverdags test
Vi kysser hinanden
Intenst som er det sidste gang
Vi er mest ude om aftenen
Besøger de mange mørke gamle gyder
Hvor der stadigvæk er brosten
Besøger kirkegården
Indtil de lukker
Tager en tur med hestevogn
Hvor det stadigvæk kan lade sig gøre
Føler suset fra en svunden tid
Dit smukke ansigt

Iført din dystre dramatisk goth makeup
Lange sorte kjole
Jeg er i mit herre goth outfit
Folk glor forundret på os
Det kan jeg godt forstå
Månen oplyser os som skuespillere på en scene
Vi kører igennem skoven
Lyden af skoven er omkring os
En ugle tuder i det fjerne
Skoven dufter af efterår
Vi står af
Giver min Queen en hånd
Vi bliver i skoven et par timer endnu
Og kysser forelsket hinanden i fuldmåneskin

Sort bryllup

Et gotisk slot
Med høje spidse tårne og spir
Som din dronningekrone
Finder mit smukke spøgelse
Hvilken vidunderlig følelse
Sort & rødt
Selvfølgelig giftes vi på
En højrød fuldmåne nat
De rigtige farver til vores bryllups nat
Der står min goth skat
Så sort og stille som natten
Du træder op ad gangen,
graciøst ledsaget af katten
Bryllups kjole, lang - en dronning værdig
Et goth spøgelse som dig noget helt særlig
Et spøgelse klædt i sort
Du kommer mod mig
Kan ikke vente
Du går op af gangen
Så uendelig lang

Min engel når frem til mig
En engel klædt i sort med sorte vinger
Så forførende som ingen anden
Dit hypnotiserende ansigt
Sorte læber
Alt sort på nær dit smukke kridhvide ansigt
Elsker dine alvorlige stoiske træk
Stille som natten
En ugle vover dog at tude i det fjerne
Måske vil flagermusene følge os hjem,
sammen med katten
De kan jo se om natten
Jeg vil bære dig hjem
Min fantastiske goth brud

Teenager

Jeg har fået en ny kæreste
Og hun er goth
Det er bestemt ikke det værste
Men det synes min mor bestemt ikke er godt

Min mor bliver'en whiner
Når hun opdager
Jeg bruger sort eyeliner
For det hende ikke behager

At gå i sort er sjovt
Sort neglelak
Det er ikke flovt
Nogen synes det er helt gak

For meget makeup
Så får min mor en prop
Når jeg flytter hjemmefra
Skal bo i et gammel nedlagt goth slot

Ude i det fri
En eventyrlig kirkegård
Tager selfies med min goth kæreste
Gravsten som vores baggrund
Der står '**hvil i fred**'

I vores kælder hersker Hades
Vor store sorte kat
Han har styr på edderkopper og
flaprende flagermus
For vi bor i et meget gammelt hus

Håber en dag mor vil forstå
I mørket vi ser mere klart

Vandspejl

En sensommerdag i en fortryllende smuk skov
Solen er på vej i seng
Går på det bløde mos
Så blødt
Alt ånder fred & ro
Alligevel en svag sitrende uro i mit indre
Noget er på vej
Tankerne falder på min
Aften date
På vej mod min skyggedronning
Ved en lysning
En smuk sø blandt alt det vidunderlige grønne
Ser ned i søen
Ser mit lidt trætte ansigt
Og venter
På dig
Mørket falder på
Der bliver helt stille omkring mig
Som tiden er gået i stå
Et smuk kvinde viser sig – min goth Queen

Du ser på mig
Min længsel,
draget mod dit tryllebindende mørke
Din skønhed er ubeskrivelig
Mystisk, dyster og dragende
Vi er hensiddes - to verdener
Kigger hypnotiseret på hinanden
Tiden løber af hænde
For første gang
Du rækker ud
Jeg tager imod
Trækker mig endelig ind i din verden
Atter forenet - sammen for evigt
Som sort silke smyger natten sig om os

Evigt liv med dig

Var engang passioneret og eftertænksom
Det er nu smidt overbord
Af en vild passion - efterladt
Kun til dig
Red mig fra mig selv
Giv mig livet tilbage
Dødskysset
Sug livet ud af mig
Lad ikke mit blod størkne
Det sorte blod hamre nu igen
Det kolde blod pumper
Udødelig med dig
Hvilken fest
Med dig i al uendelighed
Vi er godt nok som
Yin Yang
Men hvilken klang
Sammenhæng i mod træng
Se aldrig bagud

Kun en vej
Dyster lykke
Forbinder vores fælles skæbne
Selvmodsigelser
Dystre skygger der trænger til sol
Måske eneste udvej ud af mørket
Måske den eneste vej, vi to kan vælge
I det mørke vi befinder os i

†

Masker og minder

Besøger dit slot
Château de Roquetaillade
Besøger din sarkofag
Et helligt mørkt sted
Emmer af sort stemning
Min vidunderlige Goth Queen
svøbt nænsomt i sort stemning
Hvad disse sten kunne tale
Mørket, der har set alting

Ser i et spejl
Spidse buer florale mønstre
Hemmelighedsfulde symboler
Du står bag mig
Din fantastiske blege hud
Smuk som altid
Mørke øjne og læber sorte som natten
Dragende ind i dit mørke univers
En uforlignelig goth makeup
Der skjuler dine evige længsler

Har behov for at male

Mit sind med dine farver

Du var altid min tænding

Min gnist, min ild

Min goth Queen

Altid intens og dyster

Du smed aldrig din goth maske

Min er nu kun aske

Er vist kommet videre

Men tænker alligevel

Alt for ofte på dig

Og kun dig

De vidunderlige stunder vi delte

En æstetisk tid i skyggerne,

I vores pragtfulde mørke

Dog var vi i virkeligheden

Ofte, som salt & peber -

Forskellige, men perfekte

Sammen var vi fantastiske
Erobrede verdenen
Sammen var det vores bedrift

Sagn figurer kigger ned
Holder øje med os
Natte kustoder
Vågner om natten
Kravler rundt i gangene
Vogter og passer på skatten
Min dyster hellige skønhed
Gemt væk i sin sarkofag
Min hellige gral
Skjult og stille

Fuldmåne sang

Lange smalle gange
Så mange dybt røde stearinlys
Til ære for denne særlige fuldmåne nat
Trisser rundt
Leder efter dig
Savner dig i mørket
Vil dele denne særlige
Højtidelige fortryllende nat
Med dig
Min skønne goth Queen
Fuldmåne, endda
Blodmåne
Vores bryllupsdag
Vores pagt i mørket
Vi nyder æstetikken
Den bedste vin
I blodmånes røde skær

På vores balkon

Nyde nattens lyde

I stilhed

Min sorte engel

Tude med uglen

Hyle med ulvene og kattene

Pibe med flagermusene

Skrappe med kravene

Til den lyse morgen

Hvor vi da skal sove

Til månen atter får øjne

Biograftur

Vi skal i biografen
Se Twilight
Vi tager vores sorte gevandter på
Og ikke mindst
Du tager din dystre goth makeup på
Smykker og symboler skal der også pyntes med
Så er vi klar
Til aftenes visuelle illusion
Den røde løber
Masser af nysgerrige blikke
Undren og glimt af fordømmelse og beundring
Håber folk prøver
Accepter os som vi er
Forstå hvem vi er
Vi elsker, hvad vi er
Men i det mindste
Er det frivilligt
Vores gevandter til at tage af på som vil
Ingen tvang
Vores valg, vores verden – frihed til mørkets skær

Pigen i huset

Forenden af vejen

Ligger huset

Ofte har de mørkeleg

Mange kalder det tossehuset

For de går kun rundt i sort tøj

Madammen har meget makeup på

Det kaldes vist goth makeup

Der er en masse larm om natten

Jeg kan hører katten

Den er stor & sort

Der er også en pige

Hende hilser jeg til på

Hun smiler engang imellem til mig

Vil faktisk ønske hun kunne blive min ven

Vi går jo på samme skole

Alternativt liv

Der er så mange sære hændelser
Mellem disse spændende mennesker

En selvudlært heks &
Hendes egen såkaldte vampyr mand
De lever på et mindre fransk slot
Sammen med spøgelserne
Genfærd fra den franske revolution

Når de sover
Midt på dagen
Sorte senge kister
Den blødeste blodrøde velour

Et arbejde om natten
I selskab med katten
er deres fortrukne
Livs fordriv
Natlige dagdrømme deres poetiske tidsfordriv

Dagdrømmeri

Jeg lytter til the Cure
I timevis
Tager min sorte eyeliner på
Tegner i min hemmelige scratch bog
I timevis
Dig og kun dig

Mørke sorte streger
Der bliver bløder når de møder dig
Vil du være min goth prinsesse
Så kan vi sammen
Fjolle rundt i sort
Måske endda få en dyster tatovering

Skriver små hjælpeløse digte
Om dig og kun dig
Svært at beskrive
Der er ikke nok ord i min
Indre ordbog

Altid med på eventyr
Med dig og kun dig
Sammen åbner vi
Lukkede forbudte døre
Lærer det sammen

At tegne dig er noget helt særligt
Du giver mig inspiration
Du og kun du
Der er ikke nok farver på min palet
Til at male din skønhed

Mørkets ro

Vi er goths
går oftest i sort
det ligger i vores natur
dystre og indadvendte
passer på os selv
Så bliv ikke skræmt
det er et billede af hvem vi er

Damerne bruger goth makeup
Herrerne bruger da også lidt makeup
Mørk hygge
foran pejsens gnitrende flammer
figurer danser deres hypnotiske dans
taktfuld med den gnistende ild
stearinlys brænder
den rødeste rødvin vi nyder
mørket os omfavner

Vores stil helt unik
Mystisk & underligt for mange

Vi ser æstetikken i mørkets natur
Gamle dyder, skikke & ritualer
Stearinlys & meditation

Oplyst af fuldmånen
Sammen med nattens stilhed finder vi vores ro

Det sidste bånd

Jeg går ture sent om natten
Sammen med katten
Vores sidste forbundne skat
Jeg skal ikke lyve
Men kan faktisk flyve

I mine drømme
Tager lange ture med træk fugle
Sammen med den natlige ugle
Ser din skønhed, som jeg aldrig glemmer

Elsker min smukke mystiske kat
Hendes grønne øjne er alt, jeg har tilbage
Af dig, min kærlighed, min magi.

Vores sidste fælles efterladte skat
Hun er det sidste jeg har tilbage
Af dig min pragtfulde goth Queen
Vi nåede aldrig
Ja & ammen
Leve i fryd & gammen
Sammen i dyster kærlighed

Håber du venter
I fuld 'goth-op'
Så skal vi sammen
Spice himlen lidt op

Forfald

I en mørk verden

på randen af dystopia

hvor rotterne hygger sig

mens vi andre arrogante

Svælger i forfald

musene gemmer sig

men ikke for katten men for rotterne

Dyrisk kannibalisme

Omgivet af dekadence

Er måske selv blevet smittet af dette

universelle forfald

har jeg selv fået en smag for denne

dionysisk verden

En fremtid med en grotesk egoisme

Gemmer vi os i skyggerne

på vores alt for store gotiske slot

Klassisk dekadence

vi hygger os

alene

med vores egne

goth - venner

på vores private

asociale middelalderø

Svøbt i dekadencens mørke kappe

her har vi det meget godt

afsondret, i vores mørke

eksotiske mørkeland

har forført min egen dystre Aphrodite

går hånd i hånd

en smuk blomstrende allé er vores kulisse

Aphrodite, så hvid og mørk på samme tid

Dyster skønhed

Lever i en verden
Udenom mig
Et bobbel univers
Med ondt & godt
Nogen gange brister boblerne
Bliver blandet

Sort hvid
Yin Yang
Mystik & hekse kunst
Noget af det smukkeste
I hvert sit univers
Nuancer er godt

Kontrasten er måske netop
Skønheden
Et smukt men dyster univers
En weekend leg for fleste

Sort røg

Dyster sort røg
Sniger sig ud
Krybende langs gulvet
Siver ubønhørligt gennem alle sprækker
Ud fra kælderens mørke dyb
Langsomt, ildevarslende, uhyggeligt
Dækker den alt
Fylder stuen med den sorte tåge
Så tyk at der kan skæres i den
På vej op af trappen
Omfavner den nænsomt en skikkelse
Håber den sorte tåge gemmer
Hvad jeg forventer
Et kridt hvidt ansigt toner frem
Smokey eyes
Et guddommelig måneskinsansigt
En guddommelig facade

Den klassiske dystre goth makeup
Min spøgelses Goth Queen
På vej op til mig
Du nærmest svæver op af trappen
Indhyllet i den lange smukke sorte kjole
Jeg er klar
Til vores nattevandring
Hvor den sorte røgelse følger os som et slæb

Vores årsdag

Sorte roser med

Til min elskede - savner dig

Så frygteligt meget – smertefuldt

Spadsere igennem den gotiske kirkegård

Store smukke gravsten

Gotisk skrift fra en romantisk, mystisk tid

En stor sort krage stirrer på mig

Blinker skælmsk

Kragerne skriger - Så frygteligt

Lyden flår sig gennem marv og ben

Vinger basker, sorte som døden selv

De er efter mig

Løber febrilsk, skrækslagen

Jorden åbner sig som en stor gabende mund

Falder ned i et dybt sort koldt hul

Kvæler mit skrig

Kragerne flyver forbi

Kan ikke komme op

Prøver at få fat

Jorden er for porøs

Får jord i ansigtet

Er det sådan at blive begravet

Kæmper for at komme op

Kragerne er tilbage

De flyver skrigende rundt på himlen

Faretruende og ildevarslende

Kan ikke vente på deres præmie

Så kommer de til at vente længe

Savner min sorte engel

Mørket falder på...

Panikken spreder sig krybende

Fryser så jeg ryster

Gule øjne stirrer på mig

Forventningsfuldt

Nattens goth kabaret

En smuk kvindelig hvid hånd
Min sorte engel står mig atter bi
Når panikken fylder mig mest
Trækker mig op i den dyster nat
Min sorte engel træder frem stoisk
Kragerne tier
Mørket er vores nu
Min fantastiske Goth Queen
Min beskytter
Hylder mig i sin sorte kappe

Jeg er din for natten

Opdækning

Dækker op med de rødeste roser

så røde som din smukke mund

stearinlys så sorte som natten

de små stjerner blinker skælmsk

en sort dug skal der til og en mørkerød løber

snart får vi besøg

Adeligt franske goth par

vi kender hinanden

skælver en smule - det må ej ses

måske et par nye hemmeligheder

får vi at høre

i det flakkende lys

spændende mennesker

Goths i det rette miljø

Vi sidder i det skønne middelalderlige bibliotek

omgivet af verdens historie

en fantastisk duft fra de mange

smukt indbundne kæmpe læderbøger

Billeder fra en svunden tid

skulle tro vi var beslægtet

de knirkende gulvbrædder, vores sorte kat

Hades er på besøg

lysene blafrer når vinden puster

forsigtigt igennem utætte vinduer

I vinduerne ligner vi spøgelser fra fortiden

vi hygger med den dybrøde rødvin

måske fordufter hemmelighederne

i rødvinens forførende fløjlsrøde skær

engang efter midnat

hvor maskerne falder ...

Midnats dans

Vi danser i måneskinnet

De røde gardiner skælver

Denne kolde måneskinds nat

Føler mig atter tryg

Med min smukke queen i min favn

Evigheder - lange tunge nætter

Triste dage uden dig

Tiden går i stå uden dig

Så frygteligt et savn

Min gotiske muse

Min sorte skyts engel

Tilbage på det smukke gotiske hotel

Kun spejlet er vidne til vore romantiske dans

Din magiske sans

Toner af Beethovens Moonlight Sonata

Åbnet en dør til en anden verden

Du har altid været min længsel

Uden dig er hverdagen et fængsel

Min magiske, vidunderlige goth Queen

Vi lytter til en romantisk klassisk evergreen

Nynner sagte, stille i dit øre

Ved hvad du vil høre....

Min evige unge prinsesse

Din lange sorte kjole -

glitrer som sort stjernestøv

Silke røde edderkoppespind -

lyser op i måneskind

Et mesterværk til en aften som denne

Vi har gemt alle vores hemmeligheder

Fængslende sandheder

Bag lås og slå i evigheder

Ugler tuder i natten til vores

Midnats dans

En fantastisk kinddans

Din goth makeup, så fantastisk - så forførende

En nat ubegribeligt rørende

Natdyrene tumler i natten

Sammen med Hades, katten

Ser ind i dine magiske grønne øjne

Et univers fyldt med stjerner

Flunkende sole og stjerner som tænder

Tænder de røde lys

Et romantisk kys

Tid til ro

Natten går snart i seng

Skyggespil

Ser mig ikke tilbage

Nye steder at se

Nye erobringer

Bag tæppet

Hvor friheden hersker

Hverdagens trivialiteter kalder

Endnu en tur på hverdagens scene

Et stykke jeg aldrig selv skriver

Den sande maskerede

Endnu en hemmelighed

Jeg brænder, indeni

Ud på scenen

Festen må fortsætte

Finder en autentisk maske

En påtaget maske

Tid til at forlade scenen

Det dræber mig

Dræner mig

En tid - de forbudte øjeblikke - med dig og mig

Lidenskabelige kys

Bag tæppet

Jeg vil aldrig

Aldrig glemme vores skyggekys

Min magiske hemmelige Queen

Skabe, skuffer - fyldt med støvede papirer

Skjulte historier, gemte anekdoter

Alt så hemmeligt og forbudt

Der, i skyggerne bag tæppet, finder jeg dig

Så vidunderlig

Ingen grænser

Midnats dans i skyggerne

Inderlighed og nærvær

Midnats dans i skyggerne

Inderlighed og nærvær